NATIONAL GEOGRAPHIC

¡A luchar contra los invasores!

EDICIÓN PATHFINDER

Por Lana Costantini y Kirsten Weir

CONTENIDO

2 Los invasores

6 Invasores diminutos

12 Verificación de conceptos

LOS INVASORES

Hay ejércitos de criaturas desplazándose en lugares a los que no pertenecen. Matan a los animales y plantas que se interponen en su camino. ¿Existe alguna forma de detenerlos?

Por Lana Costantini

El sapo venenoso gigante

Imagina esto: Un coc... un plato se encuentr... un río. El cocodrilo a... Quizá te sorprendas... Sí, el cocodrilo se come al sapo; sin embargo, pocas horas después, el desafortunado cocodrilo también ha muerto. Se encontró con un invasor mortífero: el sapo gigante venenoso.

Los sapos venenosos son un gran problema en Australia, y no sólo para los cocodrilos. La gente llevó a los sapos a Australia en 1935 con la esperanza de que se convirtieran en depredadores del escarabajo azucarero. En su lugar, los sapos se comieron todo lo que estaba a la vista. Se devoraron los insectos, las ranas e, incluso, los huevos de los pájaros. Tanto comieron que no quedó mucho para que se alimentaran los animales típicos de la región.

Y como si eso fuera poco, se descubrió que el sapo venenoso también tenía un arma secreta; las verrugas de su piel supuran un veneno blanco lechoso. El cuerpo tóxico del sapo venenoso mata a los animales más grandes que lo devoran, como el cocodrilo.

Con pocos enemigos capaces de detenerlo, el sapo venenoso ha invadido gran parte del noreste de Australia, y los científicos están preocupados. A menos que se detenga a estos sapos, muchos animales típicos de Australia desaparecerán para siempre.

Hay extraños entre nosotros

La Tierra está siendo invadida por seres **extraños**. Pero estos extraños no son criaturas extraterrestres; ¡son animales y plantas de nuestro propio planeta! Saltan, se deslizan y son transportados a lugares a los que no pertenecen.

En sus hogares originales, o ecosistemas, estos animales encajan perfectamente bien. En los ecosistemas suele existir un equilibrio natural entre el depredador y su presa. Sin embargo, si entra un nuevo animal al ecosistema, este equilibrio puede sufrir graves daños.

A veces, los invasores viajan miles de kilómetros para llegar a sus nuevos hogares. ¿Cómo logran llegar tan lejos? Muchas veces, las personas trasladan plantas y animales a propósito, como en el caso del sapo venenoso. ¡Eso sí que fue un error! Otras criaturas aprovechan para viajar en barcos y aviones. Algunas personas dejan ir a sus mascotas cuando estas crecen demasiado y se vuelven demasiado peligrosas para manejar.

No obstante, todos los animales **invasores** se parecen en un aspecto. Prosperan en sus nuevos hogares.

Festín de roedores. *Más de treinta millones de nutrias viven en los cenagales de Luisiana.*

Un poderoso roedor

Imagina un roedor nadador del tamaño de un perro pequeño. ¡Te presento a la nutria! Está destruyendo los cenagales de los Estados Unidos, especialmente, en el sudeste.

La nutria, originaria de América del Sur, fue traída por el hombre a los Estados Unidos en la década del treinta. Los granjeros la criaban por su pelaje. Algunas nutrias escaparon a los cenagales silvestres. Al no tener que soportar el duro clima de América del Sur, prosperaron.

Ahora, millones de nutrias mastican los pastizales de los cenagales de los Estados Unidos. Arrancan las plantas de raíz, lo que produce la erosión del suelo. Sin el suelo, las plantas no pueden crecer. Los peces y los bebés de cangrejo tienen menos lugares donde ocultarse, y los pájaros tienen menos sitios donde anidar. Sin las plantas, es mucho más difícil sobrevivir. Muchas de estas criaturas están ahora en peligro o próximas a extinguirse.

El león del mar

Los peces león rojos merodean los corales del Océano Atlántico, listos para atacar. Estos recién llegados tienen aletas largas y esbeltas que usan para acorralar a los peces en lugares pequeños. Luego se los engullen.

Es un gran problema. El hábitat natural del pez león está en el Océano Pacífico Sur, donde muchos peces más pequeños han aprendido a evitarlo. Algunos peces grandes del Pacífico incluso se comen al pez león.

En el Atlántico, sin embargo, el pez león no tiene enemigos naturales. Allí puede matar hasta el ochenta por ciento de los peces que habitan en un arrecife de coral. Los buzos también tienen que tener cuidado. Las filosas aletas del pez león están llenas de veneno. ¡Ay!

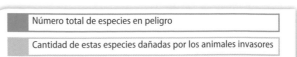

Número total de especies en peligro

Cantidad de estas especies dañadas por los animales invasores

Cómo los animales invasores dañan a las especies en peligro en los Estados Unidos

Cantidad de especies en peligro

200

100

0

Animales terrestres · Peces · Insectos · Mariscos

Fuente: Mac, M. J., P. A. Opler, C. E. Puckett Haecker y P. D. Doran. 1998. Estado y tendencias de los recursos biológicos de la Nación. Vol. 1. Departamento del Interior de los Estados Unidos, Encuesta geológica de los EE. UU., Reston, Va. 1-436 págs.

Leones sueltos. *Los científicos creen que algunos dueños de mascotas liberan a sus peces león en el Atlántico.*

Escarabajos asesinos

En Michigan y en los estados aledaños, hay trampas para insectos colgadas en los patios y los bosques. Se usan para atrapar a una pequeña pero mortífera **plaga**, el barrenador esmeralda del fresno. Este escarabajo verde brillante es oriundo de Asia. Descubierto por primera vez en Michigan en el año 2002, es posible que haya llegado hasta allí en la leña.

El escarabajo adulto mastica las hojas del fresno y no provoca grandes daños. Pero los bebés de escarabajo son mortíferos. Las larvas, similares a gusanos, se introducen debajo de la corteza de los fresnos y se comen su capa interior. Sin la capa interior de la corteza, los árboles no pueden obtener suficiente agua y alimento. ¡Hasta el momento, el barrenador esmeralda del fresno ha destruido más de treinta millones de fresnos solamente en Michigan!

Los científicos contraatacan

Una vez que las especies invasoras se introducen en un lugar, es muy difícil deshacerse de ellas. En Australia, se han invertido más de quince millones de dólares para combatir los sapos venenosos. Es posible que ahora los científicos tengan un arma nueva. Descubrieron que los sapos mueren después de comerse a los escarabajos de la lavanda de Australia. Esperan encontrar una forma de usar a los escarabajos para combatir a los sapos.

Las personas colocan trampas para atrapar nutrias y barrenadores esmeralda del fresno. El pez león representa un desafío mayor. Nadie sabe exactamente cómo evitar que se propague en el mar abierto.

Los científicos no se rendirán; de hecho, no pueden hacerlo. Demasiadas especies se han extinguido o están en riesgo de desaparecer gracias a estos invasores. ¿Qué sucederá si no se los detiene?

Plaga de los árboles. *El barrenador esmeralda del fresno vino de Asia y se ha propagado en diez de los Estados Unidos y en partes de Canadá.*

VOCABULARIO

extraño: perteneciente a otro lugar, extranjero

invasor: que tiende a propagarse activamente o agresivamente

plaga: animal que causa problemas a las personas

INVASORES DIMINUTOS

POR KIRSTEN WEIR

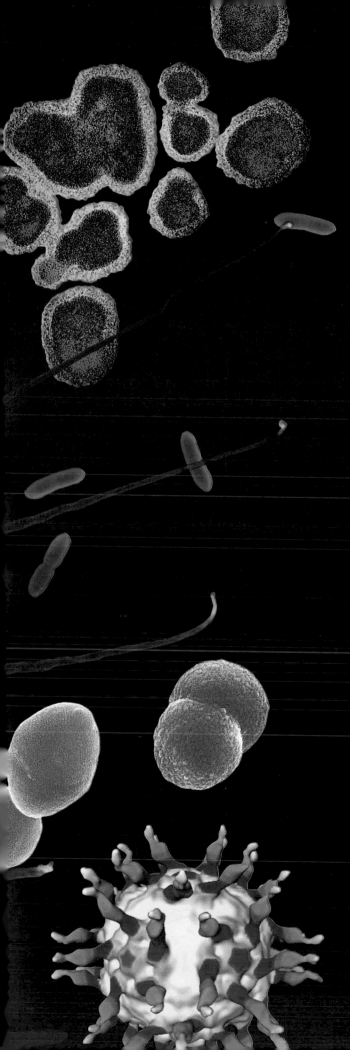

¿Alguna vez has estado enfermo?

Quizá te hayas sentido pésimo por un resfrío o tal vez te haya dolido el estómago durante horas. No fue divertido, ¿verdad?

Enfermarse es muy incómodo. Claro, te quedas en casa y no tienes que ir a la escuela. De vez en cuando, eso es agradable. Pero los estómagos doloridos, las gargantas irritadas y las narices congestionadas significan una sola cosa: ¡gérmenes!

Los gérmenes son invasores diminutos. Ingresan a tu cuerpo y hacen que te enfermes. Afortunadamente, tu cuerpo trabaja duro para evitar que te enfermes. Sigue leyendo para descubrir cómo lo hace...

Un mundo de gérmenes

Los gérmenes que hacen que te enfermes acechan por doquier. Están sobre tu escritorio, se esconden en esta página, incluso, flotan en el aire que respiras.

Lo que es peor, estos gérmenes y las enfermedades que causan se propagan cada vez más rápidamente. ¿Cómo? Hoy en día, las personas viajan más. Vuelan hasta remotas montañas y atraviesan selvas distantes, llevando los gérmenes con ellos.

Las personas no son las únicas que se trasladan. Las plantas y los animales también lo hacen. Algunos gérmenes se suman al paseo.

Existe otra razón por la que se están propagando las enfermedades; la Tierra se está calentando. A los animales como los mosquitos les agrada el calor, por lo que se están trasladando a las zonas que se tornan más cálidas. Estas plagas suelen transportar gérmenes que producen enfermedades.

Bajo la piel

¿Cómo puedes protegerte de los gérmenes peligrosos? Quizá no lo sepas, pero tienes un arma que combate los gérmenes: ¡tu propio cuerpo!

La primera línea de defensa de tu cuerpo es la piel. Actúa como una armadura, impidiendo el paso de algunos **virus**. Los virus pueden causar gripe y varicela, así como enfermedades más graves, como viruela y hepatitis.

La piel también impide el paso de diminutas criaturas llamadas bacterias. Las bacterias pueden causar dolor de garganta, infecciones de oídos y enfermedades más graves, como el cólera y las epidemias.

A veces, los gérmenes logran atravesar la piel. Pueden entrar a través de cortes, meterse en los rasguños e invadir los alimentos. También pueden ingresar a tu cuerpo si te tocas la nariz o la boca con las manos sucias.

Contraatacando

Tú y tu cuerpo pueden combatir a estos invasores diminutos. Comienza por lavarte las manos con agua y jabón. El jabón mata muchos gérmenes y el agua los elimina.

Pero lavarse las manos no siempre es suficiente. Los gérmenes astutos pueden encontrar formas de atacarte. Afortunadamente, tienes un **sistema inmunológico**, la segunda línea de defensa de tu cuerpo. Tu sistema inmunológico persigue y destruye a los gérmenes. ¿Cómo?

Tienes células especiales, llamadas glóbulos blancos, que patrullan tu cuerpo. ¡Algunas tienen un verdadero apetito por los gérmenes! Otras producen **anticuerpos**, que se pegan a los gérmenes.

Existe un anticuerpo distinto para cada tipo de germen. Algunos anticuerpos evitan que los gérmenes te enfermen, mientras que otros ayudan a tu cuerpo a encontrar y matar a los gérmenes.

Después de destruir a un germen, los anticuerpos permanecen en tu cuerpo durante algún tiempo. Te protegen si regresa el mismo tipo de germen. Por esa razón, no sueles contraer la misma enfermedad dos veces.

Vacúnate

El sistema inmunológico es bastante hábil para combatir los gérmenes, pero a veces necesita ayuda. Afortunadamente, existen medicamentos llamados vacunas que pueden ayudar a tu sistema inmunológico a ser más fuerte.

Una vacuna contiene gérmenes muertos o debilitados. Los gérmenes muertos o agonizantes no pueden enfermarte. Por el contario, impulsan a tu cuerpo a fabricar anticuerpos. Si el mismo germen vuelve a aparecer, tus anticuerpos lo atacan.

Los niños suelen enfermarse con más frecuencia que los adultos. Esto sucede porque los niños aún no han estado **expuestos** a tantos gérmenes, por lo que tienen menos anticuerpos. Sin embargo, tu cuerpo aprende rápidamente. Probablemente esté fabricando anticuerpos en este preciso instante.

Puede que las enfermedades se propaguen con más facilidad en estos días, pero no debe preocuparte demasiado. Tu piel y tu sistema inmunológico siempre trabajan para protegerte.

Del suelo a tu sándwich

Si dejas caer una miga de pan al suelo, pero la recoges dentro de cinco segundos, ¿aún es seguro comerla? ¡No! Las bacterias se transfieren inmediatamente, sin importar que tan rápido reacciones. ¿Cuántas bacterias se adhieren? Eso depende de cuánto tiempo han estado las bacterias en el suelo.

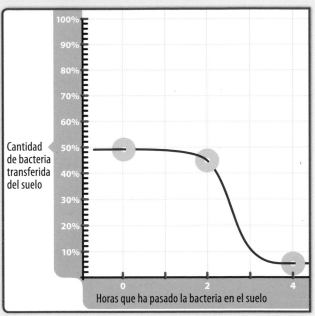

Cantidad de bacteria transferida del suelo

Horas que ha pasado la bacteria en el suelo

Fuente: Dawson, P. , I. Han, M. Cox, C. Black y L. Simmons, "Efectos del período de permanencia y el contacto con los alimentos en el contagio de la *Salmonella Typhimurium* desde baldosas, madera y alfombras: probando la regla de los cinco minutos", *Journal of Applied Microbiology* 102 (2007): 945.

¡A la caza!
La gran célula rosada está cazando a la bacteria verde.

Vocabulario

anticuerpo: sustancia que ataca a los invasores de tu cuerpo

expuesto: abierto a algo

sistema inmunológico: partes de tu cuerpo que combaten las enfermedades

virus: germen que puede vivir sólo dentro de un animal o una planta.

CONTRAATACANDO

Tu piel y tus células ayudan a protegerte contra los gérmenes. Este diagrama explica cómo.

Las células muertas de la epidermis, o capa externa de la piel, se van cayendo. Se llevan los gérmenes con ellas.

La dermis es la capa interna de la piel. Las glándulas sudoríparas y sebáceas de la piel impiden el crecimiento de algunos gérmenes.

La glándula sebácea produce sebo.

Una capa de grasa protege al cuerpo de los golpes.

Folículo piloso

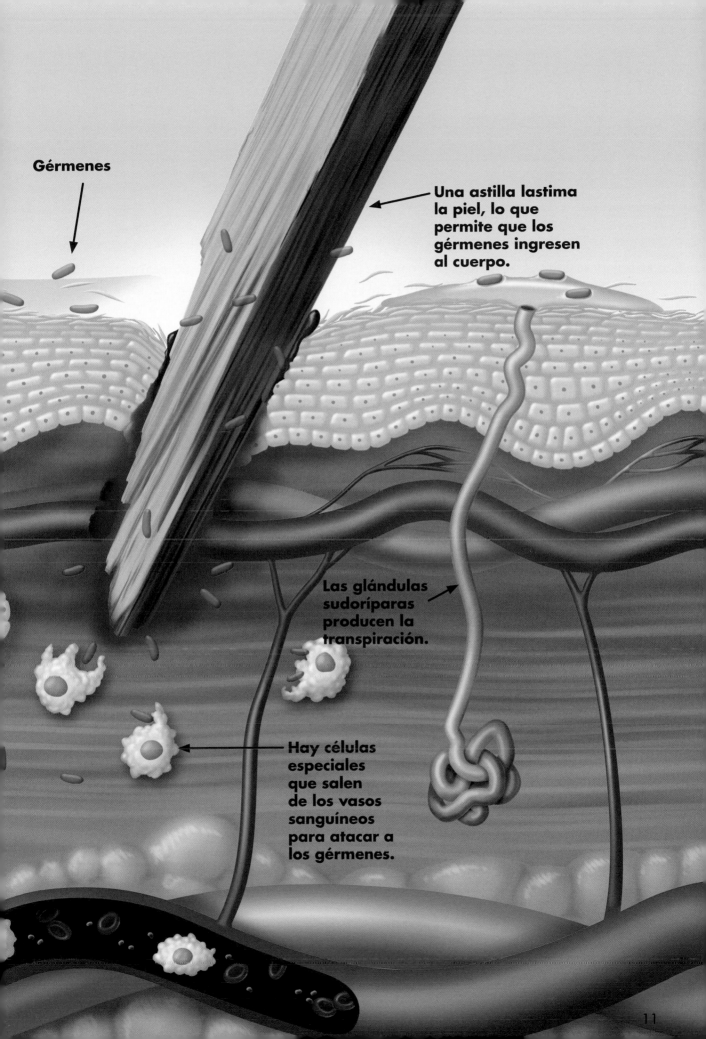

Gérmenes

Una astilla lastima
la piel, lo que
permite que los
gérmenes ingresen
al cuerpo.

Las glándulas
sudoríparas
producen la
transpiración.

Hay células
especiales
que salen
de los vasos
sanguíneos
para atacar a
los gérmenes.

¡Invasión!

Ha llegado la hora de contraatacar. Responde estas preguntas para demostrar lo que sabes acerca de los invasores.

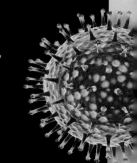

1 ¿Por qué son un problema las especies invasoras? ¿Cómo puede resolverse el problema?

2 Estudia el gráfico de la página 4. ¿A qué seres vivos dañan más los invasores?

3 ¿Por qué hoy en día los gérmenes se propagan por el mundo más rápidamente?

4 ¿Cómo combate los gérmenes tu cuerpo? ¿Cómo combates los gérmenes a través de tus decisiones?

5 ¿Qué tienen en común los escarabajos de la lavanda y los gérmenes?